크리스천리더 가스펠 챈트1

크리스천리더 가스펠 챈트1

초 판 1쇄 발행 | 2019. 10. 30
초 판 1쇄 인쇄 | 2019. 10. 30
지은이 | 크리스천리더 출판기획팀
펴낸이 | 정신일
펴낸곳 | 크리스천리더
편 집 | 권상아
교 정 | 이지선
일부총판 | 생명의 말씀사 (02) 3159-7979
등 록 | 제 2-2727호(1999. 9. 30)
주 소 | 부천시 원미구 중동 1289번지 팰리스카운티 아이파크상가 3층 311호
전 화 | (032) 342-1979
팩 스 | (032) 343-3567
도서출간상담 | E-mail:chmbit@hanmail.net
homepage | www.cjesus.co.kr

978-89-6594-284-9(04230)
978-89-6594-283-2

정가 : 12,000원

영상 세대를 위한 요절 암송 챈트 영상과 이미지 설교

크리스천리더 가스펠 챈트1

테마 : 구원

"예배시간이 즐거워 졌어요."
"가스펠 랩 챈트로 뛰면서 신나게 배워요."

크리스천리더출판기획팀

CLS 크리스천리더

ChristianLeader Gospel Chant

[가스펠 챈트 활용 방법]

지금 이 시대를 유튜브 세대 혹은 영상 세대라 말합니다. 그리하여 이 시대에 맞춰 보는 것과 듣는 것에 익숙한 아이들에게 새로운 차원의 영상 챈트 시리즈를 선보이게 되었습니다. [크리스천리더 가스펠 챈트]는 다음세대(어린이와 청소년 및 청년예배까지)에서 활용할 수 있는 요절암송 영상으로 [크리스천 리더가스펠 챈트 1, 2권]의 말씀의 주제는 '구원'입니다. 하나님이 예수님을 통해 우리를 구원해 주시기 원하시는 약속의 말씀 중, 총 12개의 성경 구절을 곡으로 만들고 영상으로 제작하였습니다.

이 영상은 귀한 구원의 말씀을 랩과 율동을 통해 쉽고 재미있게 암송할 수 있도록 기획하였습니다. 예배 중에 여러 번 반속해서 영상을 사용하시면 저절로 암송이 될 것입니다.

이 책은 [요절 말씀]과 [요절 말씀 뜻 살펴보기]를 통해 말씀의 배경과 의미를 설명하고 있습니다. 예배를 드리는 아이들에게 직·간접적으로 요절말씀의 의미와 뜻을 설명해주시면 좋겠습니다. 또한 그 말씀의 주제와 맞는 [이미지 설교]가 수록되어 있어서 설교자는 이 말씀과 이미지를 가지고 주제에 맞춰 설교하실 수 있습니다. 말씀과 챈트가 '구원'이라는 주제에 좀 더 명확히 다가갈 수 있도록 도와줄 것입니다.

CD에는 가스펠 챈트 영상+설교 그림 파일+챈트 MP3 음원 파일+WAV 음원 파일+MR자료가 담겨져 있습니다. 각 교회에서 사용하시는 예배용 PPT 파일에 챈트영상이나, 그림 자료를 삽입하여 사용하시기 바랍니다.

이 가스펠 챈트가 교회에 많이 사용되어져 힘 있는 예배, 아름답게 뛰며 주를 찬양하는 예배가 되길 소망합니다.

크리스천리더 대표 정신일 목사

Contents

테마1. 구원

크리스천리더 Gospel Chant 1

[요절 말씀]

"죄의 삯은 사망이요 하나님의 은사는 그리스도 예수 우리 주 안에 있는 영생이니라" (로마서 6:23)

[요절 말씀 뜻 살펴보기]

'죄의 삯은 사망'이라는 말은 하나님께 순종하지 않고 죄에 계속 거하는 자에게 지불되는 대가가 '사망'이라는 뜻입니다.

여기서 삯은 당시 '병사들의 급료'를 의미하는 단어로 군인들은 철저한 계급과 거역할 수 없는 군사적 의무에 매여있는 자들입니다. 죄의 결과를 군인들의 급료로 표현한 것은 죄의 결과가 그만큼 확고한 결과를 낳게 될 것임을 말하고 있는 것입니다.

바울은 사람이 '죄의 종'으로써 죄에게 충성함으로 사망이라는 대가를 받게 됨을 강조하고 있습니다. 그런데 여기서 그와 대비되게 하나님의 은사의 결과에 대해서도 언급하고 있습니다.

하나님의 은사라는 말은 헬라어 '카리스마'라는 단어로 '선물'을 뜻하는 단어입니다.

하나님께서는 하나님을 향한 자들에게, 하나님의 뜻대로 순종하며 나아가는 자들에게 은사를 주시며 그 은사는 영생입니다. 육신의 제한적인 삶을 말하는 것이 아닌 영원한 생명을 말하는 것입니다.

단, 전제 조건이 있습니다. 바로 예수 우리 주 안에 있는 영생입니다. 예수님 밖에서 영생은 있을 수 없음을 분명하게 말씀하고 계신 것입니다.

하나님의 은사는 곧 성도가 죄에서 해방되고 거룩의 열매를 얻게 된다는(22b절) 사실을 말하고 있습니다.

이처럼 믿는 자는 구원의 전 과정에 있어서 자신이 노력한 대가를 받게 되는 것이 아니라 오직 하나님의 은사로 값없이, '의'와 '성화' 그리고 '구원'을 받게 되는 것입니다.

[1과 chant 영상 장면]

[chant 가사]

"죄의 삯은 사망이요 하나님의 은사는 그리스도 예수 우리 주 안에 있는 영생이니라" (로마서 6:23)

(YO!) 주님 말씀 내 삶의 지도
나를 만들어 크리스천 리더
이끌어 주심을 믿어
오늘도 말씀을 읽어 자 준비됐지?

로마서 로마서 6장 23절 말씀
(로마서 로마서 6장 23절 말씀) 한 번 더
로마서 로마서 6장 23절 말씀
(로마서 로마서 6장 23절 말씀) 저를 따라해 봐요

죄의 삯은 사망이요 하나님의 은사는 그리스도
예수 우리 주 안에 있는 영생이니라

외워볼까요?
죄의 삯은 사망이요 하나님의 은사는 그리스도
예수 우리 주 안에 있는 영생이니라

죄의 삯은 사망이요 하나님의 은사는 그리스도
예수 우리 주 안에 있는 영생이니라 아멘!

1. 죄의 결과와 생명

[외울 말씀]

개역개정 | "죄의 삯은 사망이요 하나님의 은사는 그리스도 예수 우리 주 안에 있는 영생이니라" (로마서 6:23)

쉬운성경 | "죄의 대가는 죽음이지만, 하나님의 선물은 우리 주 예수 그리스도 안에 있는 영생입니다." (로마서 6:23)

이끄는 말)

말씀을 함께 읽습니다. 먼저 쉬운성경으로 된 본문을 읽습니다.

(읽은 후) 이제는 어른들이 보는 개역개정성경을 읽습니다.

(읽은 후) 오늘의 제목을 함께 읽습니다.

'죄의 결과와 생명'. 옆에 있는 친구, 앞뒤에 있는 친구와 손을 흔들며 '샬롬'이라고 인사해 볼까요?

1~2번 그림을 자유롭게 보여주며 진정한 죄의 의미가 무엇인지 알려주세요.

[요약]
죄는 하나님의 뜻을 외면하는 모든 것이다. 죄는 원죄와 자범죄가 있다.
아담과 하와의 원죄로 사람들의 마음이 부패해졌다.
자범죄는 원죄의 결과로 나타나는 죄의 열매들이다.

본론)

사람 중에 죄를 짓지 않고 살아가는 사람들이 있을까요? 과거, 현재, 미래의 모든 사람들을 통틀어서 죄가 없는 사람은 단 한 명도 없어요.

여러분들이 생각하는 죄는 무엇인가요? 남의 물건을 훔치는 것이요? 남을 괴롭히는 것이요? 남을 때리는 것이요? 악하고 나쁜 말을 하는 것이요? 그래요. 우리는 이런 것들을 죄라고 말해요. 하지만 정확하게 말하면 이런 것들은 죄의 열매라고 할 수 있어요. 죄를 지은 사람들이 행하는 결과적인 행동인 것이지요.

그렇다면 성경이 말하는 죄는 무엇인가요? 그것은 하나님의 뜻을 외면하는 모든 것이 죄예요. 하나님께서 하라는 것을 하지 않는 것이 죄이고, 하지 말라는 것을 하는 것이 죄인 것이죠.

3번 그림을 보여주며 아담과 하와가 선악과를 따먹게 됨으로 죄가 들어왔다는 사실을 설명해주세요.
또한 그 근원적인 죄를 원죄라 부른다고 알려주세요.

죄는 두 가지로 나눌 수 있어요. 인류의 시조인 아담과 하와가 하나님의 뜻을 어긴 죄를 우리는 원죄라고 불러요.

이 원죄로 인해 사람들의 마음이 부패해졌고 그 이후부터 사람들은 하나님의 뜻을 찾으려고 하지도 않고 찾을 수도 없게 되었지요. 그래서 항상 사람들은 악한 행동만 하며 살아가게 되는 거예요. 자범죄는 바로 원죄로 인해 사람들이 결과로 행하는 행동들, 즉 죄의 열매들을 의미해요. 죄가 이 땅에 들어오고 나서 죄를 지은 사람들에게 주신 대가가 무엇일까요? 먼저 남자는 평생 수고로이 일을 해야만 먹고 살 수 있게 하셨고 여자에게는 임신하는 고통을 주셨어요. 그리고 영원히 살 수 있는 존재에서 죽게 되는 존재가 되어 버린 것이지요.

죄를 짓고 하나님과 멀어진 사람들은 자기들의 방법대로 행복하기 위해 노력하며 살았어요. 그렇게 해서 찾은 방법이 물질을 통해 얻는 즐거움과 건강을 통해 얻는 행복이었지요.

또한 우상을 만들어 놓고 자기에게 복을 달라고 빌기 시작했고 심지어는 자연을 향해 빌기 시작했어요. 그렇게 그들은 자기들의 허전한 마음을 자신들이 만들어낸 것들로 채우기 시작했어요.

하지만 사람들은 행복하지 않았어요. 왜 그럴까요?

파스칼이라는 프랑스 철학자가 이렇게 말했어요.

"사람의 마음속에는 큰 구멍이 있다. 그것은 타락으로도 명예로운 철학으로도 채울 수가 없다. 오직 그리스도의 사랑만이 채울 수 있다."

맞는 말이에요. 깨진 항아리에 물을 가득히 채울 수 있는 방법은 무엇이 있을까요? 아무리 바가지로 물을 퍼서 담아도 항아리에 물을 가득 채울 수 없어요. 항아리에 물을 가득 채울 수 있는 유일한 방법은 항아리를 물속에 던져 버리는 것이에요.

4번 그림을 보여주면서 우리가 예수님을 통해서만 구원받을 수 있다는 사실을 확실하게 알려주세요.

돈, 건강, 인기, 명예, 지식 등으로도 사람들의 마음이 채워지지 않는 이유는 하나님께서 태초에 인간이 행복할 수 있는 방법을 하나님과 함께할 때라고 정하셨기 때문이에요.

하나님을 떠난 사람들은 행복할 수 없어요. 수없이 이 땅의 것을 자신의 마음속에 채워보지만 그것들로는 채울 수가 없는 것이에요. 죄로 인해 구멍 뚫린 우리의 마음을 채울 수 있는 분은 오직 예수 그리스도뿐이에요. 예수님 때문에 행복해하고 예수님 때문에 즐거울 수 있는 우리 친구들이 되길 바라요.

결론)

우리 한 번 큰 소리로 읽으며 결단하는 시간을 갖기로 해요.

하나님의 말씀에 불순종한 인간은 죄 때문에 하나님으로부터 멀어졌습니다. 하나님이 원하시는 것은 하지 않고 내 생각에 좋은 것들만 하기 시작했습니다. 인간은 행복하기 위해 돈, 힘, 공부 등을 찾고 우상을 찾기 시작했습니다. 하지만 하나님을 잃어버린 인간은 절대 행복할 수 없었습니다. 절망에 빠진 우리에게 유일한 소망은 오직 예수님뿐입니다. 우리에게 영원한 생명을 주신 예수님을 믿는 친구들이 됩시다.

기도하기)

하나님, 오늘 죄의 결과와 생명이라는 말씀을 들었어요. 하나님께서는 원래 사람을 죄 없이 만들어 주셨지만 사람들이 욕심을 부려 죄를 지었고 그 이후부터 항상 죄만 지으면 살았어요. 아무리 다른 것으로 내 마음을 채우려고 해도 채워지지 않고 행복해지려고 해도 행복해지지 않아요. 내 마음을 채울 수 있는 분은 예수님 밖에 없음을 고백합니다. 내 마음에 오셔서 내 마음을 채워주세요. 예수님 때문에 행복할 수 있는 제가 되게 해주세요. 예수님의 이름으로 기도합니다. 아멘.

테마1. 구원

크리스천리더 Gospel Chant 2

[요절 말씀]

"모든 사람이 죄를 범하였으매 하나님의 영광에 이르지 못하더니 그리스도 예수 안에 있는 속량으로 말미암아 하나님의 은혜로 값 없이 의롭다 하심을 얻은 자 되었느니라" (로마서 3:23~24)

[요절말씀 뜻 살펴보기]

바울은 오늘 말씀에서 인간의 전적인 부패와 무능을 말하고 있습니다. 그것은 모든 사람이 예외없이 죄를 범하였다는 선언입니다.

이렇듯 전적으로 무능하고 부패한 인생들이기에 반드시 우리는 예수 그리스도를 통한 하나님의 의의 옷을 입어야 한다는 사실을 강조하고 있습니다. 또한 바울은 죄의 결과로 하나님의 영광이 죄된 인간에게 머물지 못하게 되었다고 말하고 있습니다.

하나님의 영광이 인간에게 이르지 못하게 되었다는 의미를 학자들의 견해로 살펴보면, 첫째, 하나님께 아무런 영광도 올려드릴 수 없는 자가 되었다는 의미입니다. 둘째, 하나님께서 부여하신 영광, 존귀, 또는 칭찬을 받지 못하게 되었다는 의미도 있습니다.

셋째, 하나님의 놀라운 은혜와 영광을 인간에게 반영할 수 없음을 의미하기도 합니다. 넷째, 하나님의 형상에 일치된 삶을 살지 못하게 되었다는 것을 의미합니다.

왜 이런 결과를 낳게 되었을까요? 바로 죄 때문입니다. 인간은 죄로 인해 하나님께서 부여해주신 영광스러운 지위를 상실하게 되었습니다. 원래 타락 이전에 인간은 모든 하나님의 영광을 누리고 살았습니다.

그래서 인간의 죄의 결과는 곧 죽음과 사망이라는 당연한 결과로 귀착되지만, 하나님의 사랑이 전혀 다른 한 의로 나타나 죄와 사망에서 벗어날 길을 제시하셨습니다.

바로 예수 안에 있는 죄 사함의 은혜가 그것입니다. 여기서 속량이라는 말은 헬라어 '아폴리트뤼스시'로 '구원', '해방'을 뜻하는 단어입니다. 바로 예수 안에 있는 속량으로 의롭지 못하고 죄 많은 우리의 인생이 하나님의 은혜로 의롭다 칭함을 받게 되었고, 구원에 이르는 길을 얻게 되었습니다.

[2과 chant 영상 장면]

[chant 가사]

“모든 사람이 죄를 범하였으매 하나님의 영광에 이르지 못하더니 그리스도 예수 안에 있는 속량으로 말미암아 하나님의 은혜로 값없이 의롭다 하심을 얻은 자 되었느니라” (로마서 3:23~24)

생명의 말씀 암송시간 랩으로 배워 check it out
누가누가 잘하나 오늘 외울 말씀은
로마서 3장 23절에서 24절 말씀 (로마서 3장 23절에서 24절 말씀) 한 번 더
로마서 3장 23절에서 24절 말씀 (로마서 3장 23절에서 24절 말씀)
저를 따라해 보세요

모든 사람이 죄를 범하였으매 (Oh) 하나님의 영광에 이르지 못하더니
그리스도 예수 안에 있는 속량으로 말미암아 하나님의 은혜로 값 없이
의롭다 하심을 얻은 자 되었느니라 로마서 3장 23절에서 24절 말씀

이제 쭉 해볼까요?
모든 사람이 죄를 범하였으매(Oh) 하나님의 영광에 이르지 못하더니
그리스도 예수 안에 있는 속량으로 말미암아 하나님의 은혜로 값 없이
의롭다 하심을 얻은 자 되었느니라 로마서 3장 23절에서 24절 말씀

모든 사람이 죄를 범하였으매(Oh) 하나님의 영광에 이르지 못하더니
그리스도 예수 안에 있는 속량으로 말미암아 하나님의 은혜로 값 없이
의롭다 하심을 얻은 자 되었느니라 로마서 3장 23절에서 24절 말씀 아멘!

2. 죄사함의 은혜

[외울 말씀]

개역개정 | "모든 사람이 죄를 범하였으매 하나님의 영광에 이르지 못하더니 그리스도 예수 안에 있는 속량으로 말미암아 하나님의 은혜로 값 없이 의롭다 하심을 얻은 자 되었느니라" (로마서 3:23~24)

쉬운성경 | "모든 사람이 죄를 지어 하나님의 영광에 이를 수 없게 되었습니다. 그런 사람이 그리스도 예수께서 주시는 속죄를 통해, 하나님의 은혜로 의롭다는 판단을 받습니다. 그것은 하나님께서 거저 주시는 선물입니다." (로마서 3:23~24)

이끄는 말)

말씀을 함께 읽습니다. 먼저 쉬운성경으로 된 본문을 읽습니다.

(읽은 후) 이제는 어른들이 보는 개역개정성경을 읽습니다.

(읽은 후) 오늘의 제목을 함께 읽습니다.

'죄사함의 은혜'. 옆에 있는 친구, 앞뒤에 있는 친구와 손을 흔들며 '샬롬'이라고 인사해 볼까요?

1번 그림은 잘못한 사람을 대신하여 벌을 받겠다고 말하는 그림이다.

본문)

만약 내가 잘못을 했다면 어떻게 해야 할까요? 야단을 맞아야죠. 그래야 다음에 똑같은 잘못을 하지 않게 돼요. 또한 물건을 훔친 사람이 있어요. 어떻게 해야 할까요? 재판을 받고 잘못에 대해 벌을 받아야 해요. 잘못한 것이 있다면 우리는 잘못한 것에 대한 벌을 받는 것이 당연한 거예요.

그런데 잘못한 나 대신 다른 사람이 벌을 받겠다고 한다면 가능할까요? 여러분이 잘못을 했는데 부모님께서 "제 자녀대신 저에게 벌을 주세요."라고 한다면 여러분 대신 부모님께 벌을 줄까요?
그렇게 하지 않아요. 왜냐하면 잘못은 부모님이 한 것이 아니라 여러분이 했기 때문이지요.

그러면 왜 대신 벌을 받는 것은 안 될까요? 벌이라는 것은 대가를 치른다는 의미예요. 벌을 받지 않으면 잘못에 대한 대가를 치루지 못했다는 의미가 돼요. 그래서 벌은 잘못을 한 당사자가 대가를 치루는 의미로써 꼭 받아야 하는 거예요. 그리고 모든 사람은 죄인이에요. 나도 잘못을 저질렀는데 다른 사람이 대신 벌을 받는 것은 있을 수 없는 일이에요.

아담과 하와가 타락한 이후 모든 사람들은 매일 매일 죄를 더해만 가지요. 왜냐하면 하나님의 뜻을 알고 그 뜻대로 행하는 선을 잃어버렸기 때문이에요. 그런데 하나님께서는 사람이 동물들처럼 본능대로만 살지 않게 하기 위해서 도덕적 양심을 남겨두셨어요.

하지만 도덕적 양심을 가지고는 하나님의 원하시는 선을 행할 수 없어요. 하나님이 원하시는 선을 행하지 않는 모든 것은 죄라고 성경이 분명히 말하고 있어요.

그래서 사람들은 매일 매일 죄만 더해가는 것이에요. 매일 불어나는 죄를 우리의 힘으로는 도저히 감당할 수 없어요.

2~3번 그림을 자유롭게 보여주며 개인이나 회사가 갚을 능력이 없을 때 국가가 그 채무를 해결해 주는 상황을 잘 설명해 준다. 이런 예를 통해 우리의 죄는 도저히 인간이 해결할 수 없음을 알려준다.

[중보자 자격요건]

1. 죄가 없어야 한다.
죄인이 죄를 용서할 수는 없다.

2. 하나님이셔야 한다.
죄에 대한 하나님의 진노를 감당할 수 있는 분은 오직 하나님뿐이시기 때문이다.

은행에 빚을 계속 지면 그 빚이 불어나서 내 힘으로는 도저히 갚을 수 없는 상황까지 가게 돼요.

그러면 사람들은 나라에 도움을 요청하고, 그러면 조사를 해서 돈을 잘못된 곳에 사용하지 않았다면 그 돈을 갚지 않아도 된다고 허락해줘요. 그것은 우리의 죄도 마찬가지예요. 날마다 불어나는 내 죄를 우리 스스로 해결할 수 없기 때문에 대신 해결해 줄 수 있는 중보자가 필요한데 그 중보자는 인간이어야 했어요.

왜냐하면 하나님은 인간이 범한 죄를 인간에게만 물으시기 때문이에요. 그리고 반드시 죄를 위하여 고난을 당하고 죽어야 하기 때문이에요. 또한 반드시 하나님이어야 해요.

왜냐하면 죄에 대한 하나님의 진노를 감당할 수 있는 것은 하나님 자신 밖에 없기 때문이에요. 그리고 인간에게 생명을 주실 수 있는 분도 하나님 밖에 없기 때문이지요. 그렇게 해서 하나님이 우리의 죄를 위해 보내주신 중보자가 바로 예수님이세요.

그분은 참 인간이면서 참 하나님이신 유일한 분이세요. 예수님께서 이 땅에 오시지 않았을 때에는 하나님께서 일시적인 죄 용서를 위해 제사를 허락해 주셨어요.

제사는 나 대신 동물이 죽음으로 죄를 용서받는다는 의미예요. 하지만 이 제사는 예수님의 죄 사함의 예고였어요.

죄 사함이란 무엇일까요? 죄 사함은 죄를 지은 인간이 받아야 할 형벌에서 벗어나는 것이에요. 다른 말로 '칭의'라고 하는데, 말이 어렵죠?

'칭의'는 의롭다고 여겨준다는 뜻이에요.

나는 여전히 죄인이지만 예수님의 의로운 옷을 나에게 입혀주셔서 더 이상 죄인으로 바라보지 않으시고 의인처럼 여겨주신다는 말이에요.

4번 그림을 보여주면서 우리가 오직 하나님께 나갈 수 있는 길은 예수님뿐이라는 사실을 알려준다.

하나님의 영원한 죄 사함의 방법은 예수 그리스도를 중보자로 보내시고 그분을 십자가에서 죽게 하시고 다시 부활시키신 것이에요. 이것으로 하나님은 인간들의 죄를 용서하셨어요.
하나님은 우리에게 물어보세요. 이것을 "믿느냐?"고 말이죠.
이 사실을 믿는 사람들에게 하나님은 죄 사함의 은혜와 영원한 구원을 약속해 주셨어요. 또한 하나님의 자녀가 되는 권세를 주셨죠.

예수님을 믿음으로 죄 사함의 은혜를 받았고 하나님의 자녀가 되었는데 왜 우리는 매일 회개를 해야 하나요?

예수님께서 십자가에서 이루신 죄 사함은 인간들이 죄의 대가로 인해 받을 형벌을 받지 않게 해 주신 것이에요.

하지만 우리가 지은 죄에 대한 책임은 우리에게 반드시 물으세요. 그렇기 때문에 우리는 날마다 짓는 죄에 대해 책임을 지며 죄를 지은 나의 모습을 하나님께 회개하며 살아야 하는 것이지요.

예수님이 십자가에 달려 죽으심으로 나의 죄를 용서하신 중보자이심을 믿고 그 은혜에 감사하며 살아가는 친구들이 되길 바라요.

결론)

우리 한 번 큰 소리로 읽으며 결단하는 시간을 갖기로 해요.

아담과 하와의 타락으로 말미암아 모든 인간은 선을 행할 수 있는 능력(하나님의 뜻대로 살아가는 것)을 모두 상실하고 말았습니다. 그리고 죄로 인한 영원한 형벌을 받아야 했습니다.

하지만 하나님은 인간을 그냥 내버려두지 않으셨고 우리의 중보자이신 예수 그리스도를 이 땅에 보내시고 십자가에 달려 죽게 하심으로 우리의 죄를 용서해 주셨습니다. 십자가의 은혜로 우리는 죄 사함과 영원한 생명, 하나님의 자녀가 되는 권세를 가지게 되었습니다. 예수님께서 나의 죄 때문에 돌아가셨다는 사실을 믿고 고백함으로 죄 사함과 영원한 생명을 확신하는 우리 친구들이 됩시다.

기도하기)

하나님, 오늘 죄 사함의 은혜라는 말씀을 들었어요. 우리는 매일 하나님이 싫어하시는 죄만 더해가는 죄인임을 고백해요. 죄의 대가로 하나님께 큰 벌을 받아야 하는데 하나님은 자신의 독생자이신 예수님을 우리의 중보자로 보내셔서 우리의 죄를 용서해 주셨어요. 나를 죄에서 건져주시고 용서해 주셔서 감사해요. 나에게 영원한 생명을 주셔서 감사해요. 예수님의 이름으로 기도합니다. 아멘.

테마1. 구원

크리스천리더 Gospel Chant 3

[요절 말씀]

“다른 이로써는 구원을 받을 수 없나니 천하 사람 중에 구원을 받을 만한 다른 이름을 우리에게 주신 일이 없음이라 하였더라” (사도행전 4:12)

[요절말씀 뜻 살펴보기]

베드로를 비롯한 사도들이 예수님의 부활의 복음을 전하다가 잡혀 감옥에 갇히게 되었습니다. 그리고 감옥에 갇히게 된 후 이튿날에 관리들과 장로들과 서기관들이 예루살렘에 모이게 되었습니다.

그때, 대제사장 안나스와 가야바와 요한과 알렉산더와 대제사장의 문중들이 다 참여하여 사도들을 취조하게 됩니다.

이들이 “너희가 무슨 권세로 누구의 이름으로 이 일을 행하였느냐”고 질문할 때, 베드로가 성령이 충만하여 그곳에 모인 모든 자들에게 구원의 메시지를 전합니다. “다른 어떤 이로써는 결코 구원을 받을 수 없고 천하 사람 중에서 구원을 받을 만한 다른 이름을 우리에게 주신 적이 없다.”고 말입니다. 죽임을 당할 수도 있는 상황 속에서 대범한 신앙고백이 아닐 수 없습니다.

종교지도자들은 더 이상 예수 이름으로 말하지도 말고 가르치지도 말라고 사도들에게 경고하고 위협하였으나, 베드로와 요한은

"우리는 보고 들은 것을 말하지 아니할 수 없다"(행4:2)고 말합니다. 사도들이 전한 메시지는 '예수 외에 그 어떤 이름으로도 구원을 받을 수 없음'을 선포하고 있는 것입니다.

이런 사도들의 메시지는 곧 예수 그리스도만이 유일무이한 구세주이심을 선언한 것이고, 예수님 외에 사람의 죄를 대신해 줄 수 있는 의롭고 거룩한 자나 신은 세상에 없음을 말하고 있습니다. 성경이 말한 메시야는 오직 예수 그리스도이시라는 사실도 전합니다.

또한 여기서 '구원'이라는 말은 헬라어 '헤소테리아'라는 단어로 단순히 눈 먼 자가 눈을 떴다거나, 손 마른 자가 손이 펴지고, 다리 불편한 자가 일어서는 그런 육적 구원 뿐만 아니라 죄와 그 세력 그리고 죄의 형벌인 죽음과 영원한 심판으로부터 구원하는 전인격적인 구원을 의미하는 단어입니다. 다시 말해, 우리 인생은 예수 그리스도를 통해서만 완전한 구원이 이루어진다는 사실을 말하고 있습니다. 또한 세상에 어떤 사람도 이 구원을 피해갈 수 없으며, 구원의 유일한 길임을 말하고 있습니다.

[3과 chant 영상 장면]

[chant 가사]

“다른 이로써는 구원을 받을 수 없나니 천하 사람 중에 구원을 받을 만한 다른 이름을 우리에게 주신 일이 없음이라 하였더라”
(사도행전 4:12)

생명의 말씀 암송시간 랩으로 배워 check it out
누가누가 잘하나 오늘 외울 말씀은 사도행전 4장 12절 말씀
(사도행전 4장 12절 말씀) 한 번 더 사도행전 4장 12절 말씀
(사도행전 4장 12절 말씀) 저를 따라해 보세요

다른 이로써는 구원을 받을 수 없나니
천하 사람 중에 구원을 받을 만한
다른 이름을 우리에게 주신 일이 없음이라 하였더라
이제 쭉 해볼까요?

다른 이로써는 구원을 받을 수 없나니 천하 사람 중에 구원을 받을 만한 다른 이름을 우리에게 주신 일이 없음이라 하였더라

다른 이로써는 구원을 받을 수 없나니 천하 사람 중에 구원을 받을 만한 다른 이름을 우리에게 주신 일이 없음이라 하였더라
아멘!

테마1) 구원 설교

어린이, 청소년 예배를 위한 이미지 설교

3. 구원받을 이름 예수님

[외울 말씀]

개역개정 | "다른 이로써는 구원을 받을 수 없나니 천하 사람 중에 구원을 받을 만한 다른 이름을 우리에게 주신 일이 없음이라 하였더라" (사도행전 4:12)

쉬운성경 | "예수님 외에는, 다른 어떤 이에게서도 구원을 받을 수 없습니다. 하나님께서는 온 세상에 우리가 구원받을 만한 다른 이름을 주신 적이 없습니다." (사도행전 4:12)

이끄는 말)

말씀을 함께 읽습니다. 먼저 쉬운성경으로 된 본문을 읽습니다.

(읽은 후) 이제는 어른들이 보는 개역개정성경을 읽습니다.

(읽은 후) 오늘의 제목을 함께 읽습니다.

'구원받을 이름 예수님'. 옆에 있는 친구, 앞뒤에 있는 친구와 손을 흔들며 '샬롬'이라고 인사해 볼까요?

본론)

다음 한자를 읽어보세요! 목사님의 이름입니다.

(각각 설교를 담당하시는 사역자 분의 이름을 한자로 적어와서 학생들에게 보여주시며 그 한자 이름의 뜻을 알려주세요.)

최만호.(각 설교자의 한자 이름의 뜻을 말해 줍니다.)

뜻이 무엇일까요? 높을 최, 일만 만, 넓을 호입니다.

목사님 아버지께서 넓은 세상에서 많은 사람들 중에 으뜸이 되라는 뜻에서 지어주신 이름이에요.

여러분들은 여러분들의 이름의 뜻을 알고 있나요?

혹시 모른다면 오늘 집에 가서 부모님께 꼭 이름의 뜻을 물어보세요.

아기들이 태어나면 부모님은 제일 먼저 무엇을 할까요?

제일 고민이 되는 것은 무엇일까요?

바로 아기의 이름을 짓는 것이에요. 부모님들이 여러분의 이름을 어떻게 지었을까요? 그냥 지나가는 사람을 붙들고 "우리가 아기 이름을 뭘로 할까요?" 이렇게 지었을까요?

이런 부모님은 안 계실 거예요. 할아버지, 할머니, 부모님이 함께 기도하면서 아기가 자라서 큰 영향력의 사람이 되라고 정성을 다해 지어주셨을 거예요.

시대마다 인기 있는 이름이 있어요. 한 번 맞춰볼까요?

40년대 인기 있는 남자 이름은 영어와 수학을 잘하는 사람? 영수이고 여자 이름은 영자예요.

우리 친구들이 태어난 2000년대에는 어떤 이름이 가장 인기가 있었을까요? 남자 이름은 민준, 여자 이름은 유진이라고 해요. 우리 친구들 중에 이 이름을 가진 친구가 있나요?

옛날 이스라엘에서도 흔한 이름들이 있었어요.

야곱, 요셉과 같은 이름은 정말 흔하게 불리어졌던 이름들이예요.

이 이름 외에도 구약시대에 흔했던 이름이 있는데 호세아, 여호수아라는 이름이었어요.

여호수아와 호세아는 히브리어로 "여호와는 구원이시다, 구원하소서, 구원자"라는 뜻을 가지고 있어요.

이 히브리식 이름을 신약시대 때 그리스(헬라어)식 이름으로 부를 때 "예수스"라고 불러요. 어떤 영어 단어와 닮지 않았나요?

"지저스" 맞아요. "예수스"가 영어식 이름으로 불릴 때 "지저스"가 된 것이지요. 한글로는 예수님이 되는 거예요.

예수는 우리나라 성경을 중국어에 번역하면서 중국어 발음을 한글 발음으로 그대로 읽어서 쓴 것이지요.

중국어로 예수님은 "야소"라고 읽어요. 그래서 "야소"를 한글 발음인 "예수"라고 우리나라 성경에 기록한 것이지요.

부모님이나 할아버지, 할머니가 여러분의 이름을 지어주셨던 것처럼 예수님의 이름은 누가 지어주셨을까요?

예수님의 아버지인 요셉과 어머니인 마리아가 지어줬을까요? 말씀을 한 번 같이 읽어볼까요?

"예수"라고 이름을 지으라고 누가 알려줬나요? 천사가 아버지 요셉에게 알려주었어요. 하나님께서 천사를 통해 태어날 중보자의 이름을 미리 알려주신 거예요.

우리가 고백하는 사도신경을 보면 중보자이신 예수님을 4가지 이름으로 부르는 것으로 알 수 있어요.

이 4가지 이름은 예수님께서 이 땅에 오신 이유를 우리에게 잘 보여주는 것이지요.

하나님의 아들은 그 분이 바로 삼위일체 하나님이심을 우리에게 알려주시는 것이에요. 주님은 나의 주인이라는 뜻이에요. 보통 사람들은 내 시간, 건강, 돈 등이 자신의 것이라고 생각해서 자기 마음대로 사용해요. 하지만 내 시간, 건강, 돈 등의 주인은 내가 아니라 중보자이신 예수님이라는 것을 알려주어요.

예수는 "그가 자기 백성을 죄에서 구원할 자"라는 뜻을 가지고 있어요. 우리의 구원자라는 사실을 알려주시는 거예요. 그리스도는 "기름 부음을 받은 자"라는 뜻을 가지고 있어요.

구약에는 3가지 직분자들에게만 기름을 부어서 세웠어요. 왕, 선지자, 제사장이 바로 그 사람들이에요. 예수님이 그리스도라는 의미는 예수님이 우리의 왕이시며, 우리의 선지자이시고 우리의 영원한 대제사장이라는 의미를 가지고 있는 거예요.

그런데 우리가 살고 있는 이 시대는 구원받을 이름을 예수만 말하지 않아요. 왜 예수님만 믿어야 구원을 얻는 것이냐고 따지고 묻지요.

그래서 사람들은 저마다 구원받을 이름들을 만들어 내고 그것을 자랑하며 살아요.

누가복음에는 "맘모나스"라는 말이 등장하는데 이 헬라어의 뜻은 바로 "물질, 부, 재산"이에요. 이것을 영어성경으로 번역을 하면서 "맘몬"이 된 것이지요.

오늘날 맘몬은 “재물의 신, 물질의 탐욕” 등을 의미를 해요. 그래서 맘몬을 섬기며 쾌락과 성공이 자신을 구원하는 길이라고 믿고 살아가는 사람들이 많이 있지요. 또한 자기가 성경이 말하는 예수라고 주장하는 사람들도 많이 있어요.

하지만 성경은 우리에게 분명히 말하고 있지요.

“다른 이로써는 구원을 받을 수 없나니 천하 사람 중에 구원을 받을 만한 다른 이름을 우리에게 주신 일이 없다”고 말이죠.

여러분은 예수님만이 우리의 유일한 구원자라는 사실을 믿나요?

성경이 우리에게 그렇게 말하고 있기 때문에 우리는 그 말씀을 믿는 것이지요. 왜냐고요? 성경은 기록된 하나님의 말씀이기 때문이에요.

우리가 기도할 때 예수님의 이름으로 기도한다고 말하죠?

그것은 예수님만이 우리의 유일한 구원자라는 사실을 고백하는 말이에요. 그래서 우리는 꼭 기도할 때 예수 그리스도의 이름으로 기도한다고 고백해야 해요.

세상은 우리에게 구원 얻을 이름이 또 있다고 이야기 해요. 하지만 우리 친구들은 세상의 소리에 헷갈려하지 말고 성경이 이야기하고 있는 것처럼 예수님만이 우리의 유일한 구원자, 중보자라는 사실을 믿고 고백하는 친구들이 되길 바라요.

결론)

오늘 우리 한 번 큰 소리로 읽으며 결단하는 시간을 갖기로 해요.

하나님께서는 우리에게 영원한 구원의 이름을 주셨습니다. 그 이름은 바로 예수 그리스도입니다. 세상은 많은 구원의 이름을 우리에게 이야기합니다. 우리는 그 이야기에 귀를 기울이고 관심을 두며 살아갑니다.

하지만 성경은 우리에게 예수 그리스도 외에는 구원을 얻을 수 있는 이름은 절대로 없음을 분명히 말하고 있습니다. 우리에게 주신 유일한 구원의 이름인 "예수님"을 믿는 우리 친구들이 됩시다.

기도하기)

하나님, 오늘 구원받을 이름 예수님이라는 말씀을 들었어요. 세상은 우리에게 예수님 말고도 구원을 얻을 수 있는 이름이 있다고 말해요. 하지만 성경은 우리에게 분명하게 말하고 있어요.

천하 중에 예수님 말고는 구원 얻을 이름을 주신 적이 없다고 말이에요. 세상이 말하는 소리에는 귀를 닫고 하나님 말씀에는 귀를 열 수 있게 도와주세요. 그래서 예수님만이 우리의 유일한 구원자라고 고백하는 제가 되길 원해요. 예수님의 이름으로 기도합니다. 아멘.

테마1. 구원

크리스천리더 Gospel Chant 4

[요절 말씀]

"예수께서 이르시되 내가 곧 길이요 진리요 생명이니 나로 말미암지 않고는 아버지께로 올 자가 없느니라" (요한복음 14:6)

[요절말씀 뜻 살펴보기]

이 말씀은 구원의 유일한 길은 예수 그리스도 뿐이라는 사실을 가장 명확하게 보여줍니다.

어느 날 예수님은 제자들에게 당신이 곧 떠나실 것을 말씀하십니다. "내가 가서 거처를 예비하고 나중에 너희를 영접하러 올 것이다. 그리고 내가 가는 그 길을 너희가 알게 될 것이라" 말씀하십니다. 그러자 도마는 "주여 주께서 어디로 가시는지 우리가 알지 못하거늘 그 길을 어찌 알겠사옵나이까"라고 묻습니다.

그때 주님은 아버지께로 가는 길을 도마에게 가르쳐 주십니다. "내가 곧 길이고 진리고 생명이니 나를 통해 구원의 길로 나아갈 수 있다."고 말씀하십니다.

여기서 '길, 진리, 생명'이란 말이 헬라 원문에는 모두 '그'라는 관사를 가지고 있습니다. 그래서 정확하게 번역한다면 곧 '그 길', '그 진리', '그 생명'을 뜻합니다. '그 길'은 유일한 길이요(행 4:12), '그 진리'도 유일한 진리요, '그 생명'도 유일한 생명 근원을 가리킵니다.

당시에는 영혼이 자기 힘으로 하늘에 간다는 영지파(노시스)의 사상과 기타 사상이 유행했었습니다.

하지만, 그런 것들과 타협하는 혼합주의(Syncretism)는 예수 그리스도께 용납될 수 없었습니다. 이 말씀은 분명한 구원의 길은 오직 예수 그리스도를 통하는 방법 뿐임을 말합니다.

선지자들은 진리와 생명에 대하여 길을 가리키는 역할을 하였습니다. 예수님이 선지자들과 다른 점은 메시야의 길을 가리키는 것이 아니라, 당신 자체가 그 길임을 명확히 선언하신 것입니다. 예수님은 모든 자들을 하나님께 이르도록 인도하시는 중보자가 되시고 또한 당신이 곧 하나님이십니다.

[4과 chant 영상 장면]

[chant 가사]

“예수께서 이르시되 내가 곧 길이요 진리요 생명이니 나로 말미암지 않고는 아버지께로 올 자가 없느니라” (요한복음 14:6)

생명의 말씀 암송시간 랩으로 배워 check it out
누가누가 잘하나 오늘 외울 말씀은
요한복음 14장 6절 말씀 (요한복음 14장 6절 말씀) 한 번 더
요한복음 14장 6절 말씀 (요한복음 14장 6절 말씀) 저를 따라해 보세요

예수께서 이르시되 내가 곧 길이요 진리요 생명이니
나로 말미암지 않고는 아버지께로 올 자가 없느니라
요한복음 14장 6절 말씀
이제 쭉 해볼까요?

예수께서 이르시되 내가 곧 길이요 진리요 생명이니
나로 말미암지 않고는 아버지께로 올 자가 없느니라
요한복음 14장 6절 말씀

예수께서 이르시되 내가 곧 길이요 진리요 생명이니
나로 말미암지 않고는 아버지께로 올 자가 없느니라
요한복음 14장 6절 말씀
아멘!

4. 길과 진리와 생명되신 예수님

[외울 말씀]

개역개정 | "예수께서 이르시되 내가 곧 길이요 진리요 생명이니 나로 말미암지 않고는 아버지께로 올 자가 없느니라" (요한복음 14:6)

쉬운성경 | "예수님께서 대답하셨습니다. "내가 바로 그 길이요, 진리요, 생명이다. 나를 통하지 않고는 아버지께로 올 사람이 없다." (요한복음 14:6)

이끄는 말)

말씀을 함께 읽습니다. 먼저 쉬운성경으로 된 본문을 읽습니다.

(읽은 후) 이제는 어른들이 보는 개역개정성경을 읽습니다.

(읽은 후) 오늘의 제목을 함께 읽습니다.

'길과 진리와 생명되신 예수님'. 옆에 있는 친구, 앞뒤에 있는 친구와 손을 흔들며 '샬롬'이라고 인사해 볼까요?

본론)

롯데월드를 가는 방법은 무엇이 있을까요?

택시를 타고 가는 방법도 있고 시간은 오래 걸리지만 걸어가는 방법도 있어요. 또한 버스를 타고 가는 방법도 있고 자가용을 타고 편하게 가는 방법도 있지요.

시간과 힘듦의 차이는 있지만 결과적으론 모든 방법을 통해 롯데월드를 갈 수 있어요.

이처럼 세상은 구원을 얻는 방법도 다양하다고 생각해요. 어떤 사람은 우상에게 절하며 기도하고 어떤 사람은 자신의 신체를 힘들게 해서 깨달음을 얻을 수 있다고 믿어요.

이렇듯 어떤 종교를 믿든지 다 구원을 받을 수 있기 때문에 사람들에게 어느 한 종교만 강조하지 말고 서로 서로 인정하며 살라고 이야기를 하지요.

'욜로'라는 단어를 들어 본 적이 있나요? 'You Only Live Once'라는 영어의 약자예요. 해석하면 "한 번 뿐인 내 인생"이 되지요.

1번 그림을 보여주면서 사람은 누구나 죽게되며 죽은 뒤에는 끝이 아니라 영원한 삶이 있음을 알려주세요.

한 번 뿐인 내 인생, 어떻게 살라는 것인가요?
인생을 즐기며 내가 하고 싶은 것을 마음껏하고 살라는 것이지요.
정말 인생은 한 번 뿐인가요?
이 땅에서의 삶이 끝나면 모든 것이 끝나나요?
세상은 죽고 난 다음에는 관심이 없어요.
그저 이 땅에서 잘 먹고 잘 사는 것에만 관심을 두며 살아가지요.
하지만 성경은 죽은 뒤에 영원한 삶이 있다고 증거하고 있어요.

히브리서 9장 27절은 "한 번 죽는 것은 사람에게 정해진 것이요 그 후에는 심판이 있으리니"라고 말하고 있어요.

이 땅에서의 삶은 누구나 한 번 뿐이에요. 하지만 이 땅에서의 삶이 끝난다고 모든 것이 끝나는 것은 아니에요. 죽음 뒤에는 분명히 심판이 있고 그 뒤에는 영원한 벌을 받는 사람과 영원한 생명을 받는 사람으로 나뉘게 돼요.

도대체 구원이 무엇인데 교회에서는 자꾸 구원을 이야기 할까요?
구원은 죄로 인해 깨어진 하나님과의 관계가 예수 그리스도의 십자가의 죽음으로 회복되어졌다는 것을 의미해요.
그래서 예수 그리스도를 하나님의 아들, 나의 구원자, 주인으로 믿고 고백한다면 우리는 다시 하나님과 교제하면서 살아가게 되고 그것이 바로 구원이라고 말하는 것이지요.

2~3번 그림을 자유롭게 보여주며 우리가 외롭고 힘들 때 무엇을 의지하고 있는지 여러가지 예를 들어 설명해주세요.

사람들은 부모님이나 친구, 자녀, 돈, 명예, 술을 의지하기도 합니다. 하지만 이같은 것은 진정한 위로가 되지 못한다는 사실을 알려주세요.

[요약]
우리의 영원한 위로자는 하나님밖에 없다.

혹시 여러분 중에 힘들어서 누군가의 위로가 필요한 사람이 있나요? 여러분이 힘들면 누가 위로해주나요? 부모님이 위로해주죠?

인간은 죄로 인해 그 삶이 비참해졌다고 말해요. 비참이란 말은 더할 수 없이 슬프고 끔찍하게 살아가는 것을 의미해요.

사람들은 육체의 아픔, 고통, 슬픔, 죽음에 대한 두려움 등으로 힘들게 살아가고 있어요. 그래서 우리는 이러한 비참함을 위로받아야 하는 것이에요.

어른들은 힘이 들면 술을 마시거나 담배를 피거나 친구들과 신나게 놀거나 파티를 열기도 하지요. 그렇다면 이렇게 한다고 힘든 것이 사라지나요? 괴로운 것이 잊혀지나요?

잠깐은 잊을 수 있고 그 순간은 위로를 얻을 수 있어요. 하지만 시간이 지나면 또 힘들어하고 슬퍼하고 괴로워하게 되지요. 그래서 우리의 위로는 일시적인 것이 아니라 영원한 위로가 되어야 해요. 하지만 이 땅에서 얻을 수 있는 위로는 다 일시적인 위로뿐이에요.

그렇다면 죽어서도 우리에게 위로가 되는 영원한 위로는 무엇일까요? 그것은 바로 우리가 그리스도의 소유가 되었다는 것이에요.

나는 힘들면 하나님을 원망하고 외면하고 떠날 수도 있지만 하나님은 우리를 끝까지 포기하지 않으세요. 우리가 잠시 방황한다고 우리를 버리시는 분이 아니에요.

그렇기 때문에 우리가 그리스도의 소유가 된 것은 우리의 영원한 위로가 되는 것이지요.

죽어서도 그리스도는 우리의 위로가 되기 때문이에요. 그리고 우리가 구원을 받을 수 있는 유일한 길은 오직 예수 그리스도, 한 분 밖에 없음을 성경은 분명하게 이야기를 하고 있어요.

4번 그림을 보여주면서 예수님께서 왜 세상에 오셨는지 다시 한 번 잘 알려주세요.

중보자가 가져야 할 조건이 있는데 그 조건에 예수님만 유일하게 맞기 때문이에요.

첫 번째로 중보자는 참 인간이어야 해요. 성경은 예수님이 처녀 마리아의 몸을 통해 태어났다고 증언하고 있어요.

또한 중보자는 참 하나님이어야 해요. 성경은 하나님께서 예수님을 향해 자신의 아들이라 말씀하심으로 그분이 참 하나님이라고 증언하고 있어요.

예수님이 참 인간이 되어야 하는 이유는 인간이 하나님께 죄를 지었기 때문이에요.

죄의 대가는 죄를 지은 당사자인 인간이 치러야 해요. 그런데 죄가 있는 인간은 다른 사람들의 죄를 대신 담당할 수 없어요. 그래서 예수님은 죄가 없는 인간의 몸으로 오시기 위해 처녀인 마리아의 몸에서 태어나셨지요.

또한 죄는 없지만 인간은 연약한 존재예요. 그렇기 때문에 이 땅에 모든 인간의 죄를 용서할 수 있는 능력이 없어요. 모든 인간들의 죄를 용서하시기 위해 예수님은 하나님이셔야 했어요. 그래서 성경은 우리에게 분명하게 말하고 있는 거예요.

"참 인간이면서 참 하나님인 분은 예수님 밖에 없어. 그러니까 예수님 말고는 구원을 얻을 수 있는 길은 없는 거야"라고 말이지요.

예수님만이 유일한 구원의 길임을 믿고 고백하는 친구들이 되길 바라요.

결론)

우리 한 번 큰 소리로 읽으며 결단하는 시간을 갖기로 해요.

세상은 이 세상에서의 삶에만 관심을 가지라고 말합니다. 죽으면 아무것도 없다고 말합니다. 어떤 사람들은 아무 종교를 믿거나 착하게만 살면 모두 구원을 받을 수 있다고 말합니다.

하지만 성경은 우리에게 구원을 얻을 수 있는 유일한 길이 있는데 그 길은 바로 예수 그리스도라고 분명하게 말하고 있습니다. 참 인간이시고 참 하나님이신 예수님만이 우리의 유일한 구원의 길이라는 사실을 믿고 고백하며 증거하는 삶을 사는 친구들이 됩시다.

기도하기)

하나님, 오늘 길과 진리와 생명되신 예수님이라는 말씀을 들었어요. 세상 사람들은 한 번 뿐인 인생, 잘 먹고 잘 살라고 이야기해요. 하지만 성경은 죽음 다음에 분명히 또 다른 삶이 있다고 이야기해요.

그리고 참 인간이면서 참 하나님이신 예수님만이 구원을 얻을 수 있는 유일한 길이라고 말씀하고 있음을 알았어요. 예수님을 나의 구원자, 구주로 믿고 고백할 수 있는 내가 되도록 도와주세요. 예수님의 이름으로 기도합니다. 아멘.

크리스천리더 Gospel Chant 5

[요절 말씀]

“예수께서 대답하시되 진실로 진실로 네게 이르노니 사람이 물과 성령으로 나지 아니하면 하나님의 나라에 들어갈 수 없느니라” (요한복음 3:5)

[요절말씀 뜻 살펴보기]

영생에 대해 알고 싶어했던 유대 관원 니고데모가 밤에 사람의 눈을 피해 예수님을 찾아왔습니다. 그때 예수님은 영생을 얻기 위해서는 물과 성령으로 거듭나야만 가능하다고 말씀하셨습니다.

여기서 ‘성령’은 우리가 알고 있는 성삼위일체 제 3위의 하나님, 곧 성령 하나님을 뜻합니다. 물에 관해서는 견해가 있습니다. 하나님의 말씀을 뜻하기도 하고, 정결케 하는 다양한 상징의 의미도 있습니다. 유대인들에게는 희생 제사에 있어서 없어서는 안 될 요소입니다.

특별히 제사장은 몸을 씻지 않고서는 언약의 피를 가지고 성소에 들어갈 수 없었으며, 엣세네파(Essenes)에서도 개종자를 받아들일 경우, 물 세례를 행하던 관습이 있었습니다.

세례 요한은 사람들에게 죄사함을 받기 위한 회개를 촉구하였고 이러한 촉구를 받아들여 죄를 회개한 자에게는 물로 세례를 주었습니다.

물에 대해서는 여러가지 해석이 있을 수 있지만, 곧 깨끗케 하고 정결케 한다는 의미로서의 해석이 옳게 받아들일 수 있을 것입니다. 그래서 사람은 성령으로 반드시 거듭나야만 하나님 나라에 들어갈 수 있습니다.

거듭남은 곧 그리스도와의 연합, 곧 성령을 통해 이루어짐을 강조하고 있는 것입니다.

[5과 chant 영상 장면]

[chant 가사]

"예수께서 대답하시되 진실로 진실로 네게 이르노니 사람이 물과 성령으로 나지 아니하면 하나님의 나라에 들어갈 수 없느니라" (요한복음 3:5)

성경말씀(Hey) 신나게 외워볼까(네!)
어렵지 않으니까(Come on) 오늘 외울 말씀은
요한복음 3장 5절 (요한복음 3장 5절)
요한복음 3장 5절 (요한복음 3장 5절) 한 번 더
요한복음 3장 5절 (요한복음 3장 5절)
요한복음 3장 5절 (요한복음 3장 5절) 저를 따라해 보세요

예수께서 대답하시되 진실로 진실로 네게 이르노니 사람이
물과 성령으로 나지 아니하면 하나님의 나라에 들어갈 수
없느니라 이제 쭉 해볼까요?

예수께서 대답하시되 진실로 진실로 네게 이르노니 사람이 물과
성령으로 나지 아니하면 하나님의 나라에 들어갈 수 없느니라

예수께서 대답하시되 진실로 진실로 네게 이르노니 사람이 물과
성령으로 나지 아니하면 하나님의 나라에 들어갈 수 없느니라
아멘!

5. 거듭남의 비밀

[외울 말씀]

개역개정 | "예수께서 대답하시되 진실로 진실로 네게 이르노니 사람이 물과 성령으로 나지 아니하면 하나님의 나라에 들어갈 수 없느니라" (요한복음 3:5)

쉬운성경 | "예수님께서는 이렇게 대답하셨습니다. "내가 너에게 진리를 말한다. 누구든지 물과 성령으로 태어나지 않는다면, 그 사람은 하나님 나라에 들어갈 수 없다." (요한복음 3:5)

이끄는 말)

말씀을 함께 읽습니다. 먼저 쉬운성경으로 된 본문을 읽습니다.

(읽은 후) 이제는 어른들이 보는 개역개정성경을 읽습니다.

(읽은 후) 오늘의 제목을 함께 읽습니다.

'거듭남의 비밀'. 옆에 있는 친구, 앞뒤에 있는 친구와 손을 흔들며 '샬롬'이라고 인사해 볼까요?

1번 그림을 보여주면서 돈이나 외모나 어떤 권력이나 인간이 가진 어떤 것으로도 천국에 갈수 없음을 아이들에게 알려주세요.

본론)

하나님 나라는 어떻게 갈 수 있을까요? <돈으로도 못 가요> 라는 찬양을 알고 있나요?

똑똑하면 하나님 나라를 갈 수 있나요?

인기가 많으면 갈 수 있나요?

건강하면 갈 수 있나요?

돈이 많으면 갈 수 있나요?

성공하면 갈 수 있나요?

행복하면 갈 수 있나요?

이런 것으로는 갈 수 없어요. 거듭나야 갈 수 있는 곳이 바로 하나님 나라예요.

만약 우리에게 자유가 주어진다면 여러분들은 예배를 선택할까요? 아니면 친구들과의 만남을 선택할까요? 우리 친구들은 분명 예배를 선택하겠지요? 그런데 많은 사람들은 예배와 하나님보다는 친구를 만나는 것과 세상에서 노는 것을 선택하려고 해요.

왜냐하면 인간의 본능이 하나님으로부터 자꾸 멀어지려고 하기 때문이지요. 하나님을 믿고 하나님의 뜻대로 사는 것은 우리의 본능이 아니에요. 하나님을 싫어하고 하나님과 멀어지고 하나님의 뜻대로 살지 않으려는 것이 죄인된 인간들의 본래 모습이에요.

2번 그림을 보여주면서 우리는 하나님과 함께 교제할수 있는 영적존재로 창조되었음을 알려주고, 지금 하나님과 교제하는 방법은 기도와 예배를 통해서 가능하다는 사실을 알려주세요.

그렇다면 인간은 처음부터 하나님을 싫어하고 하나님과 멀어지려고 했을까요? 아니에요. 하나님은 인간을 하나님과 교제할 수 있는 영적인 존재로 만드셨어요. 그리고는 하나님이 만드신 모든 피조물을 다스리는 왕의 권세를 인간에게 주셨지요. 인간은 그렇게 하나님과 친밀하게 교제하며 모든 피조물들을 다스리며 행복하게 살았어요.

그런데 인간이 잊지 말아야 할 것이 있었는데 바로 그것은 자신을 만드신 창조주, 주인이 있다는 사실이에요. 하지만 사람은 창조주와 같이 되고 싶어 했어요. 그래서 하나님의 말씀을 어기고 선악과를 따먹고 말았지요.

3번 그림을 보여주면서 하나님을 피하고, 자신의 뜻대로 세상을 살다보니 타락한 인간이 되었음을 알려 주세요.

이때부터 인간의 본성은 하나님을 멀리하고 피하게 되었어요. 원래 인간은 하나님의 뜻대로 이 세상을 다스렸어요.

그런데 타락한 순간, 하나님의 뜻이 아닌 자신의 뜻대로 다스리기 시작했고 하나님의 뜻대로 사는 존재가 아니라 그 뜻을 어기는 존재가 되어버린 것이지요. 하지만 하나님께서는 이렇게 하나님 보시기에 악만 행했던 인간을 구원하시기로 작정하셨어요. 그래서 이들이 예전과는 다른 존재로 거듭나기를 원하셨던 것이에요.

거듭나기 전의 인간은 악만 행했지만 거듭난 인간은 때론 넘어질 때도 있지만 하나님의 뜻을 찾고 그 뜻대로 살려고 애쓰며 살아가지요.

4번 그림을 보여주면서 니고데모 이야기를 들려주세요.

[요약]
영생을 얻기 위해서는 예수님을 통해 거듭나야 한다.

예수님을 찾아간 니고데모는 예수님께서 말씀하신 "거듭나라"는 말을 "다시 태어나라"는 말로 이해했어요. 그래서 예수님께 물었어요.

"예수님, 사람들은 이미 어머니 뱃속에서 태어났는데 어떻게 어머니 뱃속에 들어가 두 번 태어날 수 있나요?"

이때 예수님은 "거듭나라"라는 말은 "다시 태어나라"는 의미가 아니라 "영적으로 완전히 새로운 존재가 되라"는 의미임을 말씀해 주셨어요. 그렇다면 우리는 어떻게 거듭날 수 있을까요? 거듭남은 내 노력이나 내 열심으로 되는 것이 아니에요. 예수님을 나의 주인, 구세주로 인정하고 믿을 때 내 마음에 성령께서 임하시게 되고 우리는 성령으로 말미암아 완전히 새롭게 될 수 있어요.

예전에는 하나님과 전혀 관계없이 살아갔던 우리이지만 성령으로 인해 하나님과 관계를 맺으며 살게 된 것이지요. 그래서 매일 하나님을 떠나 죄만 짓던 우리가 새롭게 됨으로 하나님의 뜻을 따르는 존재가 된 것, 바로 그것이 거듭났다고 말할 수 있는 거예요.

거듭남의 확신은 성령께서 우리 마음에 주세요. 예수님을 믿음으로 성령이 주시는 거듭남의 확신을 갖고 살아가는 친구들이 되길 바라요.

결론)

우리 한 번 큰 소리로 읽으며 결단하는 시간을 갖기로 해요.

선악과를 따먹은 인간은 더 이상 선악의 기준을 하나님께 두지 않고 자기 스스로 판단하기 시작했습니다. 그리고 하나님과 관계없는 삶을 살았습니다. 하지만 하나님은 인간들을 그냥 내버려두지 않으시고 예수님을 보내어 거듭나게 하셨습니다.

거듭난 사람은 하나님의 일을 생각하고 관심을 갖고 살아가게 됩니다. 예수님을 믿어 거듭남으로 죄를 지으려는 마음보다 하나님의 뜻을 행하고자 하는 마음이 있고 하나님의 일을 생각하고 관심을 갖는 친구들이 됩시다.

기도하기)

하나님, 오늘 거듭남의 비밀이라는 말씀을 들었어요. 타락한 인간은 하나님의 뜻을 행할 수도 없고 하나님을 피하는 존재였지만 예수님을 보내주셔서 다시 하나님과 관계를 맺고 가깝게 교제할 수 있도록 해주셔서 감사해요.

나는 확실히 예수님을 믿어요. 예전에는 예수님과 상관없이 죄를 짓고 살았지만 이제는 예수님을 믿음으로 거듭났어요. 하나님의 뜻대로 성령님이 주시는 거듭남의 확신을 갖고 살아갈 수 있게 도와주세요. 예수님의 이름으로 기도합니다. 아멘.

테마1. 구원

크리스천리더 Gospel Chant 6

[요절 말씀]

“볼지어다 내가 문 밖에 서서 두드리노니 누구든지 내 음성을 듣고 문을 열면 내가 그에게로 들어가 그와 더불어 먹고 그는 나와 더불어 먹으리라” (요한계시록 3:20)

[요절말씀 뜻 살펴보기]

이 말씀은 우리와 온전한 교제를 원하시는 주님의 심정이 담긴 구절입니다. 또한 마음으로 받아들이게 될 경우의 이루어질 일에 대해 설명하신 말씀입니다. 주님은 우리 심령에 서서 심령의 문을 두드리고 계십니다.

구원은 나로부터 시작되는 것이 아닙니다. 내가 예수님을 믿기로 결심했다고 되는 것이 아니라는 것입니다. 그전에 하나님으로부터의 부르심이 있어야 하고, 그 부르심에 응답해야 구원의 길로 나갈 수 있습니다.

여기서 두드린다는 말은 헬라어 ‘크루오’로 계속해서 여전히 두드리시는 그리스도의 모습을 나타내고 있습니다. 이는 죄인들을 향한 그리스도의 인내와 사랑을 알리시는 모습으로 불신앙 가운데 있는 자들에게 초청과 약속의 말씀입니다. 우리는 그 두드림에 응답해야

합니다.

원래 이 말씀은 소아시아 일곱 교회 중에 라오디게아 교인들이 그리스도의 회개 촉구의 권면을 듣고 회개하여 그리스도를 영접할 때 나타나는 결과를 설명하고 있는 말씀입니다. 그렇게 문을 두드리고 예수님을 영접하면 아름다운 영적교제를 나눌 수 있음을 말씀하고 계십니다.

라오디게아 교인들이 회개하여 예수 그리스도를 영접할 경우 그리스도께서는 그들 안에 거하셔서 그들과 더불어 교제를 나누며 친밀한 관계를 이루실 수 있음을 말씀하셨습니다. 우리가 구원의 확신을 갖고 마음속으로 받아들인다면, 우리 안에 성령께서 우리와 교제하시게 됩니다(요14:23).

[6과 chant 영상 장면]

[chant 가사]

“볼지어다 내가 문 밖에 서서 두드리노니 누구든지 내 음성을 듣고 문을 열면 내가 그에게로 들어가 그와 더불어 먹고 그는 나와 더불어 먹으리라” (요한계시록 3:20)

(YO!) 주님 말씀 내 삶의 지도 나를 만들어 크리스천 리더
이끌어 주심을 믿어 오늘도 말씀을 읽어 자 준비됐지?

요한계시록(yo) 요한계시록 3장 20절 말씀
(요한계시록(yo) 요한계시록 3장 20절 말씀) 한 번 더
요한계시록(yo) 요한계시록 3장 20절 말씀
(요한계시록(yo) 요한계시록 3장 20절 말씀) 저를 따라해 봐요
볼지어다 내가 문 밖에 서서 두드리노니
누구든지 내 음성을 듣고 문을 열면 내가 그에게로 들어가 그와
더불어 먹고 그는 나와 더불어 먹으리라 외워볼까요?

볼지어다 내가 문 밖에 서서 두드리노니 누구든지 내 음성을 듣고 문을 열면 내가 그에게로 들어가 그와 더불어 먹고 그는 나와 더불어 먹으리라

볼지어다 내가 문 밖에 서서 두드리노니 누구든지 내 음성을 듣고 문을 열면 내가 그에게로 들어가 그와 더불어 먹고 그는 나와 더불어 먹으리라 아멘!

6. 예수님을 영접해요

[외울 말씀]

개역개정 | "볼지어다 내가 문 밖에 서서 두드리노니 누구든지 내 음성을 듣고 문을 열면 내가 그에게로 들어가 그와 더불어 먹고 그는 나와 더불어 먹으리라" (요한계시록 3:20)

쉬운성경 | "보아라! 내가 문 앞에 서서 이렇게 두드리고 있다. 만일 누구든지 내 음성을 듣고 문을 열면, 내가 그에게로 들어가 그와 함께 먹고, 그도 나와 함께 먹을 것이다." (요한계시록 3:20)

이끄는 말)

말씀을 함께 읽습니다. 먼저 쉬운성경으로 된 본문을 읽습니다.

(읽은 후) 이제는 어른들이 보는 개역개정성경을 읽습니다.

(읽은 후) 오늘의 제목을 함께 읽습니다.

'예수님을 영접해요'. 옆에 있는 친구, 앞뒤에 있는 친구와 손을 흔들며 '샬롬'이라고 인사해 볼까요?

1번 그림을 보여주면서 가족에 대해 이야기 해주세요.
무엇보다 가족은 하나님의 사랑을 조금이나마 확인할 수 있는 사랑 공동체라는 사실을 알려주세요.

본론)

일반적으로 가족이 될 수 있는 방법은 무엇이 있을까요?

우선 부모님께서 여러분을 낳아서 출생신고를 하게 되면 법적으로 가족이 구성돼요. 또한 부모님께서 직접 낳지 않고 사랑의 마음으로 낳은 아이를 가족구성원으로 등록하면 법적으로 가족이 될 수 있어요. 하지만 보통은 부모님의 유전자를 이어받은 혈연관계를 가족이라고 불러요.

그렇다면 우리가 하나님의 자녀가 되기 위해서는 어떤 방법이 있을까요? 헌금을 많이 하면 자녀가 될 수 있을까요?

똑똑해서 박사학위를 여러 개 따면 될 수 있을까요?

봉사를 많이 하면 자녀가 될 수 있을까요?

하지만 이런 방법으로는 하나님의 자녀가 될 수 없어요. 우리가 하나님의 자녀가 되는 방법은 오직 하나 뿐이에요.

그것은 예수님을 나의 주인으로, 나의 죄를 구원하시는 구원자로 영접하는 것이에요.

2번 그림을 보여주면서 예수님을 나의 구주로 영접하는 것이 무엇인지 잘 알려주세요.

그렇다면 예수님을 영접한다는 말은 어떤 의미일까요?

영접은 맞이해서 친절하게 대하는 것을 의미해요.

지금 눈에 보이지 않는 예수님을 영접할 수 있는 방법은 예수님이 나와 관계없는 사람이 아니라 정말 나의 죄를 위해 죽으신 분, 나를 사랑하시는 분으로 인정을 하는 것, 진짜 그분이 하나님의 아들이라는 것을 믿는 것이지요.

죄로 인해 단절된 하나님과 우리와의 관계를 예수 그리스도의 십자가로 이어주셨음을 알고 믿고 고백하는 것이 영접이라고 할 수 있어요. 내가 내 삶의 주인이 되어 내 마음대로 살았던 것을 이제는 예수님께 내 삶을 온전히 드려 예수님의 뜻대로 살아가려고 하는 것, 그것이 바로 예수님을 영접한 사람들의 모습이라고 할 수 있어요.

내가 예수님을 영접했다는 것은 우리의 고백과 실천으로 알 수 있어요. 예수님이 믿어지지 않고 관심이 없는 친구들은 성경의 이야기, 목사님의 설교 등에 관심을 가지지 못해요. 졸거나 딴 짓을 할 수 밖에 없지요.

여러분이 좋아하는 게임은 몇 시간씩 할 수 있죠?

재미있고 관심이 있으니까 그렇게 할 수 있는 거예요. 그런데 성경을 몇 시간씩 읽으라고 하면 힘들죠? 재미도 없고 관심도 없으니까 힘들 수 밖에 없지요.

3번 그림을 보여주면서 1번의 가족의 의미를 한번 더 이야기해주면서 영적으로 우리는 하나님의 자녀이고 가족이라는 사실을 잘 이해시켜 주세요.

중요한 것은 고백만으로 끝나는 것이 아니라 고백을 표현하는 실천을 해야 해요. 이렇게 예수님을 영접하면 하나님의 자녀가 되는 권세를 주셨고 하늘의 시민, 하나님의 권속 즉, 가족이라고 불러주신다고 약속하셨어요.

하나님의 자녀가 되고 가족이 되는 방법, 참 쉽죠?

믿기만 하면 되는 거니까요. 그런데 잘 안 되는 이유는 무엇일까요? 우리의 경험과 세상의 가치가 하나님을 인정하지 않으려고 하기 때문이에요. 그래서 우리는 내 경험, 세상의 가치와 매일 매일 싸워나가야 해요. 이것들을 꺾고 예수님을 믿을 수 있게 해달라고 기도해야 해요.

4번 그림을 보여주면서 영광과 승리의 면류관을 받기까지 열심히 신앙생활을 잘 해야 한다는 사실을 알려주세요.

한편, 예수님을 영접해서 하나님의 자녀, 가족이 된 사람들에게 하나님께서 약속하신 것이 있어요. 그것은 바로 영원한 생명과 하늘의 상급이에요.

분명히 승리의 면류관을 우리 머리에 씌어주시면서 잘했다고 칭찬해주실 거예요. 예수님을 나의 주인, 구세주로 영접함으로 하나님의 자녀, 하나님의 가족이 되는 친구들이 되길 바라요.

결론)

우리 한 번 큰 소리로 읽으며 결단하는 시간을 갖기로 해요.

성경은 영접하는 자에게 하나님의 자녀가 되는 권세를 주신다고 말씀하셨습니다. 또한 자녀들에게 영원한 생명과 하늘의 상급을 주신다고 약속하셨습니다.

영접은 나의 모든 소유권을 주님께 이전한다는 고백입니다. 이제는 내 생각, 내 뜻대로 살지 않고 오직 주님의 뜻대로 살아가겠다고 다짐

하고 고백하는 것이 바로 영접인 것입니다.

예수님을 나의 구주, 주인으로 고백하고 나의 모든 것을 주님께 이전하는 우리 친구들이 됩시다.

기도하기)

하나님, 오늘 예수님을 영접해요 라는 말씀을 들었어요. 이 시간 나를 내려놓고 예수님을 나의 주인, 나의 구세주로 내 마음에 모시기를 원해요. 더 이상 내 뜻대로 살지 않고 주님의 뜻대로 살기를 원해요. 그래서 나중에 주님께 잘했다고 칭찬받는 제가 될 수 있도록 도와주세요. 예수님의 이름으로 기도합니다. 아멘.